A. Diepolder, B. Rath-Israel, E. Reith

MÜTZEN TO GO

schnell gehäkelt & gestrickt

OZ creativ

MÜTZEN

Wer Mode mag, muss Mützen lieben! Sie setzen farbenfrohe Akzente und helfen gegen das triste Grau-in-Grau des Winters. Längst sind Mützen vom winterlichen Kältekiller zum Allround-Accessoire avanciert, das ganzjährig den persönlichen Look betont. Doch wer möchte schon eine Mütze von der Stange?

Es ist an der Zeit, dir endlich dein eigenes Trendstück zuzulegen, am besten ganz individuell **»created by yourself«**: Eine freche Pomponmütze, eine lässige Beanie, eine Bommelmütze mit Punkten oder eine kuschelig-wärmende Fliegermütze – du kannst sie alle selber stricken oder häkeln!

Die stylischen Mützen-Highlights sorgen für gute Laune und sind in Blitzeseile fertiggestellt.

Gestalte deinen eigenen Stil!

Viel Spaß dabei wünschen

Annette Diepolder
Birgit Rath-Israel
Elke Reith
Sabine Schidelko

LIEBE

INHALT

CUDDLE

Mütze mit Lochmuster

KOPFUMFANG: 52–54 cm
SCHWIERIGKEIT: ☆☆

MATERIAL:
- Schurwollmischgarn (98 % Schurwolle, 2 % Polyester, Lauflänge ca. 70 m/50 g): 150 g Rosa
- Häkelnadel Nr. 10

Hinweis: Stets mit doppeltem Faden arbeiten. Jede Runde mit entsprechend vielen Ersatzluftmaschen beginnen und mit 1 Kettmasche in die oberste Ersatzluftmasche schließen. Für 1 halbes Stäbchen 2, für 1 Stäbchen 3 und für 1 Doppelstäbchen 4 Ersatzluftmaschen häkeln.

Zunahmen: Jeweils 2 Maschen in 1 Masche der Vorrunde häkeln. Die Zunahmen jeweils gleichmäßig verteilen.

Maschenprobe 6.–10. Runde mit Nadel Nr. 10: 8 Maschen und 5 Reihen = 10 x 10 cm

So wird's gemacht:

Du häkelst 12 Stäbchen in einen Fadenring, dabei ersetzt du das erste Stäbchen durch 3 Luftmaschen und schließt die Runde mit 1 Kettmasche in die 3. Ersatzluftmasche = 1. Runde. Häkle nun weiter wie folgt:

2. Runde: In jedes Stäbchen der Vorrunde 2 Doppelstäbchen = 24 Doppelstäbchen.

3. Runde: Doppelstäbchen, dabei gleichmäßig verteilt 12 Doppelstäbchen zunehmen = 36 Doppelstäbchen.

4. Runde: 3 Luftmaschen, 1 Doppelstäbchen in die übernächste Einstichstelle, 1 Luftmasche, * je 1 nicht ganz zu Ende abgemaschtes Doppelstäbchen in dieselbe Einstichstelle des vorhergehenden Doppelstäbchens und in die übernächste Einstichstelle, beide Doppelstäbchen zusammen abmaschen und dann 1 Luftmasche häkeln, ab * bis zum Ende der Runde fortlaufend wiederholen und zuletzt die Runde mit 1 Kettmasche in

das 1. Doppelstäbchen der Runde schließen.

5. Runde: In jede Masche der Vorrunde 1 Doppelstäbchen = 36 Maschen.

6. und 7. Runde: Wie die 4. und 5. Runde.

8.–10. Runde: In jede Masche der Vorrunde 1 halbes Stäbchen = 36 Maschen.

Fäden vernähen.

TRIO

Colour-Blocking-Beanie

KOPFUMFANG: 52–54 cm
SCHWIERIGKEIT: ☆

MATERIAL:
- Schurwollgarn (100 % Schurwolle, Lauflänge ca. 120 m/50 g): je 50 g Grau, Weiß und Petrol
- Häkelnadel Nr. 3,5

Stäbchen in Runden: Jede Runde mit 3 Luftmaschen als Ersatz für das 1. Stäbchen beginnen und mit 1 Kettmasche in die oberste Ersatzluftmasche schließen.
Abnahmen: Für die Abnahmen jeweils 2 Stäbchen zusammen abmaschen. Die Abnahmen jeweils gleichmäßig verteilen.
Farbfolge: 10 Runden in Grau, 9 Runden in Weiß, 8 Runde in Petrol = 27 Runden
Maschenprobe mit Nadel Nr. 3,5: 17 Stäbchen und 10 Reihen = 10 x 10 cm

So wird's gemacht:

Schlage 80 Luftmaschen in Grau an und schließe sie mit 1 Kettmasche zur Runde. Dann häkelst du insgesamt 27 Runden Stäbchen nach der Farbfolge, dabei nimmst du in den letzten 8 Runden jeweils gleichmäßig verteilt 8 Maschen ab = 16 Maschen. Die Maschen der letzten Runde werden mit dem Arbeitsfaden zusammengezogen. Abschließend vernähst du alle Fäden.

TIPP
Die Fäden beim Farbwechsel gleich überhäkeln, das erspart das Vernähen.

Happy!

GREENHEAD

Grüne Mütze mit Querrippen

KOPFUMFANG: ca. 54 cm
SCHWIERIGKEIT: ☆☆

MATERIAL:
- Schurwollmischgarn (53 % Schurwolle, 47 % Polyacryl, Lauflänge 100 m/100 g): 100 g Grün-Color
- Rundstricknadel Nr. 10
- Nadelspiel Nr. 10

Bündchenmuster: 2 Maschen rechts, 2 Maschen links im Wechsel stricken.

Maschenprobe im Bündchenmuster mit Nadel Nr. 10: 11 Maschen und 16 Reihen = 10 x 10 cm

So wird's gemacht:

Du schlägst 48 Maschen an, verteilst sie gleichmäßig auf vier Nadeln (= 12 Maschen pro Nadel) und schließt sie zur Runde. Dann werden 13 Runden im Bündchenmuster gestrickt. Bisher hast du in Runden gestrickt, ab jetzt wird in Hin-und Rückreihen gearbeitet, dabei werden die Reihen zunächst verkürzt. Du legst die Maschen der 1. Nadel still (d. h. über diese Maschen wird nicht gearbeitet), dann wendest du.

Nächste Reihe = 14. Reihe (= Rückreihe): Die folgenden 4 Maschen der 4. Nadel werden ungestrickt auf die 1. Nadel gelegt (den Arbeitsfaden nicht zu stramm vor die Arbeit legen). Dann die Maschen der 4., 3. und 2. Nadel stricken, wie sie erscheinen, nur die letzten 4 **Maschen** der 2. Nadel nicht stricken, sondern ungestrickt auf die 1. Nadel legen, wenden.

15. Reihe (= Hinreihe): Die Maschen der 2., 3. und 4. Nadel stricken, wie sie erscheinen, nur die letzten 4 Maschen der 4. Nadel nicht stricken, wenden.

16. Reihe (= Rückreihe): Die Maschen der 4., 3. und 2. Nadel, stricken wie sie erscheinen, nur die letzten 4 Maschen der 2. Nadel nicht stricken, wenden.

17. Reihe (= Hinreihe): Die folgenden 4 Maschen der 2. Nadel ungestrickt lassen (dabei den Arbeitsfaden nicht zu stramm vor die Arbeit legen). Die Maschen der 3. Nadel stricken, wie sie erscheinen.

Nun nimmst du alle Maschen auf die Rundstricknadel.

Nächste Runde = 18. Runde: Alle Maschen stricken, wie sie erscheinen.

19. Runde: Linke Maschen stricken.

20. Runde: * 6 Maschen stricken, wie sie

erscheinen, 1 Masche zunehmen, ab * stets wiederholen bis zum Rundenende (= 56 Maschen).

Nun strickst du wie folgt weiter: 2 Runden linke Maschen, 4 Runden rechte Maschen, 2 Runden linke Maschen, 4 Runden rechte Maschen, 1 Runde linke Maschen.

Nächste Runde (= Abnahmerunde): * 6 Maschen links, 2 Maschen links zusammenstricken, ab * stets wiederholen bis zum Rundenende (= 49 Maschen).

3 Runden rechte Maschen stricken.

Nächste Runde (= Abnahmerunde): * 4 Maschen rechts, 2 Maschen rechts verschränkt zusammenstricken, ab * stets wiederholen, enden mit 1 Masche rechts (= 41 Maschen).

1 Runde linke Maschen stricken.

Nächste Runde (= Abnahmerunde): * 2 Maschen links, 2 Maschen links zusammenstricken, ab * stets wiederholen, enden mit 1 Masche (= 31 Maschen).

3 Runden rechte Maschen stricken.

Nächste Runde (= Abnahmerunde): * 2 Maschen rechts, 2 Maschen rechts verschränkt zusammenstricken, ab * stets wiederholen, enden mit 3 Maschen rechts (= 24 Maschen).

1 Runde linke Maschen stricken

Nächste Runde (= Abnahmerunde): * 2 Maschen links, 2 Maschen links zusammenstricken, ab * stets wiederholen bis Rundenende (= 18 Maschen).

1 Runde rechte Maschen stricken.

Nächste Runde (= Abnahmerunde): * 2 Maschen rechts, 2 Maschen rechts verschränkt zusammenstricken, ab * stets wiederholen, enden mit 2 Maschen rechts (= 14 Maschen).

1 Runde rechte Maschen stricken.

Die restlichen 14 Maschen ziehst du mit dem Arbeitsfaden zusammen. Anschließend alle Fäden vernähen.

DALMATINER

Mütze in Weiß mit schwarzen Punkten

KOPFUMFANG: ca. 54 cm
SCHWIERIGKEIT: ☆☆

MATERIAL:
- Schurwollmischgarn (70 % Schurwolle, 30 % Polyacryl, Lauflänge 55 m/50 g): 100 g Natur und 50 g Schwarz
- Rundstricknadel Nr. 8
- Nadelspiel Nr. 8
- feste Pappe (zum Herstellen des Pompons)

Bündchenmuster: 1 Masche rechts, 1 Masche links im Wechsel stricken.
Glatt rechts: In Runden stets rechte Maschen stricken.
Punkte: Nachträglich laut Zählmuster im Maschenstich aufsticken (siehe Kleine Strickschule, Seite 58).
Maschenprobe glatt rechts mit Nadel Nr. 8: 11 Maschen und 17 Reihen = 10 x 10 cm

So wird's gemacht:

Mit der Rundstricknadel schlägst du 62 Maschen in Natur an, schließt zur Runde und strickst 6 Runden im Bündchenmuster. Schließe 25 Runden glatt rechts an und arbeite dann weiter glatt rechts wie folgt:
26. Runde: Jede 9. und 10. Masche rechts zusammenstricken (= 56 Maschen).
27. Runde: Ohne Abnahmen stricken.
28. Runde: Jede 8. und 9. Masche rechts zusammenstricken (= 50 Maschen).
29. Runde: Ohne Abnahmen stricken.
30. Runde: Jede 7. und 8. Masche rechts zusammenstricken (= 44 Maschen).
31. Runde: Ohne Abnahmen stricken.
32. Runde: Jede 6. und 7. Masche rechts zusammenstricken (= 38 Maschen).
33. Runde: Ohne Abnahmen stricken.
34. Runde: Jede 5. und 6. Masche rechts zusammenstricken (= 32 Maschen).
35. Runde: Jede 4. wund 5. Masche rechts zusammenstricken (= 26 Maschen).
36. Runde: Jede 3. und 4. Masche rechts zusammenstricken (= 20 Maschen).
37. Runde: Jede 2. und 3. Masche rechts zusammenstricken (= 14 Maschen).
Anschließend strickst du fortlaufend 2 Maschen rechts verschränkt zusammen, bis noch 2 Maschen übrig sind. Ziehe diese mit dem Arbeitsfaden zusammen. Dann alle Fäden vernähen.

Die Punkte werden im Maschenstich mit Schwarz gleichmäßig verteilt gemäß Zählmuster auf die Mütze gestickt (siehe Foto). Dabei ist es am besten, unten zu beginnen: Der Abstand der unteren Punkte zum Bündchen beträgt 3 Maschen in der Höhe, der Abstand zwischen den unteren Punkten jeweils 7 Maschen in der Breite.
Fertige noch einen Pompon von 11 cm Durchmesser in Schwarz und nähe ihn oben an die Mütze.

Zählmuster

	×	×	
×	×	×	×
×	×	×	×
×	×	×	×
	×	×	

Zeichenerklärung

☐ = 1 Grundmasche in Weiß

☒ = 1 Maschenstich in Schwarz

NEW YORK

Mütze mit Nieten

KOPFUMFANG: 54–56 cm
SCHWIERIGKEIT: ☆

MATERIAL:

- Schurwollmischgarn (70 % Schurwolle, 30 % Polyacryl, Lauflänge 55 m/50 g): 100 g Schwarz
- Nadelspiel Nr. 6
- runde Nieten in Silber, 6 mm und 10 mm Durchmesser

Bündchenmuster: 2 Maschen rechts, 2 Maschen links im Wechsel stricken.

Glatt rechts: In Runden stets rechte Maschen stricken.

Maschenprobe glatt rechts mit Nadeln Nr. 6: 10 Maschen und 10 Reihen = 10 x 6 cm

So wird's gemacht:

Du schlägst 60 Maschen an, verteilst sie gleichmäßig auf vier Nadeln (= 15 Maschen pro Nadel), markierst den Rundenanfang (mit einem Maschenmarkierer, einer Sicherheitsnadel oder einem Kontrastfaden) und strickst zunächst 14 Runden im Bündchenmuster. Anschließend wird 17 cm glatt rechts weitergearbeitet. In der folgenden Runde kettest du dann jeweils die 30 Maschen der Vorder- und Rückseite gemeinsam ab.
Vernähe nun alle Fäden und bringe die Nieten dekorativ verteilt auf der Mützenvorderseite an.

Love

PUSCHELIG

Mütze mit austauschbarem Pompon

KOPFUMFANG: 52–54 cm
SCHWIERIGKEIT: ☆☆

MATERIAL:
- Schurwollmischgarn (60 % Schurwolle, 40 % Polyacryl, Lauflänge ca. 175 m/50 g): 100 g Weiß und 50 g Lila
- Häkelnadel Nr. 3,5
- 1 Fellpompon in Lila
- feste Pappe (zum Herstellen des Pompons) oder Pomponset
- 1 Brad (Rundkopfklammer) mit Kristallstein
- 2 Magnet-Annähknöpfe, 19 mm Durchmesser

Muster mit Stäbchen: Jeweils 3 Stäbchen zwischen zwei Gruppen aus 3 Stäbchen der Vorrunde häkeln, dabei jede Runde mit 3 Luftmaschen als Ersatz für das 1. Stäbchen beginnen und mit 1 Kettmasche in die 3. Ersatzluftmasche schließen.

Abnahmen: Für die Abnahmen jeweils 1 Stäbchen weniger arbeiten, das heißt statt einer Gruppe aus 3 Stäbchen nur 2 Stäbchen häkeln, später statt 2 Stäbchen nur 1 Stäbchen arbeiten und am Schluss entsprechend viele Einstichstellen übergehen. Die Abnahmen jeweils gleichmäßig verteilen.

Maschenprobe mit Nadel Nr. 3,5 im Muster mit Stäbchen: 18 Stäbchen und 14 Reihen = 10 x 10 cm

So wird's gemacht:

Schlage in Weiß 96 Luftmaschen an und schließe sie mit 1 Kettmasche zum Ring. Nun schlägst du 3 Ersatzluftmaschen an und häkelst wie folgt: 2 Stäbchen in die 1. Luftmasche, * 2 Luftmaschen des Anschlags übergehen, 3 Stäbchen in die folgende Luftmasche des Anschlags, ab * bis zum Ende der Runde fortlaufend wiederholen und mit 1 Kettmasche in die 3. Ersatzluftmasche enden = 1. Runde.

Die 2.–20. Runde werden nun in diesem Muster mit Stäbchen gehäkelt. Anschließend nimmst du in jeder Runde 8 Stäbchen ab, bis nur noch 8 Maschen vorhanden sind.

Ziehe die Maschen der letzten Runde mit dem Arbeitsfaden zusammen. Behäkle den Anschlagrand in Lila mit Stäbchen, dafür schlingst du mit 1 Kettmasche neu an und häkelst jeweils 3 Stäbchen um die unbehä-

kelten Maschen des Luftmaschenanschlags. Die Runde wird mit 3 Luftmaschen als Ersatz für das 1. Stäbchen begonnen und mit 1 Kettmasche in die 3. Ersatzluftmasche geschlossen.

Dann werden die Fäden vernäht.

Fertige in Lila einen Pompon von ca. 5,5 cm Durchmesser. Die Teile der Magnetknöpfe nähst du dann an die Mütze, den Woll- und den Fellpompon und knöpfst deinen gewünschten Pompon an.

Für die Blüte schlägst du in Lila 15 Luftmaschen + 1 zusätzliche Wendeluftmasche an und häkelst in jede Luftmasche des Anschlags 2 halbe Stäbchen = 1. Reihe. Dann häkelst du in der 2. und 3. Reihe in jedes halbe Stäbchen der Vorreihe 2 halbe Stäbchen = 120 Maschen. Anschließend vernähst du alle Fäden und befestigst die Blüte mit dem Brad an der Mütze.

City Girl

UNTER DEM MEER

Beanie im Zopfmuster

KOPFUMFANG: 54–56 cm
SCHWIERIGKEIT: ☆

MATERIAL:
- Schurwollmischgarn (50 % Schurwolle, 50 % Polyacryl, Lauflänge ca. 190 m/200 g): 200 g Smaragdgrün-Multicolor
- Nadelspiel Nr. 8
- Zopfnadel

Bündchenmuster: 1 Masche rechts, 1 Masche links im Wechsel stricken.

Zopf über 6 Maschen, nach links verkreuzt: 3 Maschen auf eine Zopfnadel vor die Arbeit legen, die folgenden 3 Maschen rechts stricken, dann die 3 Maschen der Zopfnadel rechts stricken.

Maschenprobe glatt rechts mit Nadeln Nr. 8: 10 Maschen und 5 Reihen = 8 x 4,5 cm

So wird's gemacht:

Schlage 52 Maschen an, verteile sie gleichmäßig auf vier Nadeln (= 13 Maschen pro Nadel), markiere den Rundenanfang (mit einem Maschenmarkierer, einer Sicherheitsnadel oder einem Kontrastfaden) und stricke 10 cm im Bündchenmuster. In der folgenden Runde werden die Maschen wie folgt eingeteilt und gestrickt: 21 Maschen rechts, 2 Maschen links, 6 Maschen rechts, 2 Maschen links, 21 Maschen rechts. So arbeitest du insgesamt 7 Runden. Die Einteilung beibehalten, aber 4-mal in jeder 8. Runde über die mittleren 6 Maschen den Zopf stricken (= vier Verzopfungen).

Zum Schluss alle 52 Maschen mit einem Faden zusammenziehen und alle Fäden vernähen.

Mille Colori Big Lang Yarn

Bommel oder nicht Bommel!

POM POM

Mütze mit Wechselbommel

KOPFUMFANG: 54–56 cm
SCHWIERIGKEIT: ☆–☆☆

MATERIAL:

- Schurwollmischgarn (53 % Schurwolle, 47 % Polyacryl, Lauflänge 50 m/50 g): 100 g Grau-Pink
- Nadelspiel Nr. 8
- 2 Druckknöpfe in Schwarz, 10 mm Durchmesser
- Kunstfellbommel in Aubergine, 10 cm
- feste Pappe (zum Herstellen des Pompons)

Bündchenmuster: 2 Maschen rechts, 2 Maschen links im Wechsel stricken.

Glatt rechts: In Runden stets rechte Maschen stricken.

Maschenprobe glatt rechts mit Nadeln Nr. 8: 10 Maschen und 12 Reihen = 10 x 10 cm

So wird's gemacht:

Schlage 52 Maschen an, verteile sie gleichmäßig auf den vier Nadel (= 13 Maschen pro Nadel) und arbeite zunächst 10 Runden im Bündchenmuster. Anschließend 15 cm glatt rechts stricken, dabei stets den Rundenanfang markieren. In der folgenden Runde beginnst du mit den Abnahmen. Dafür 2-mal in jeder 2. Runde die ersten und

letzten 3 Maschen auf jeder Nadel rechts zusammenstricken = 20 Maschen = 5 Maschen pro Nadel. In der folgenden Runde die ersten und letzten 2 Maschen jeder Nadel rechts zusammenstricken = 12 Maschen = 3 Maschen pro Nadel.
Diese 12 Maschen fest mit dem Arbeitsfaden zusammenziehen. Anschließend vernähst du die Fäden.

Drehe nun die Mütze auf links, sodass die linken Maschen außen liegen. Fertige einen Pompon von 10 cm Durchmesser an. Eine Druckknopfhälfte nähst du oben auf die Mütze und die andere Druckknopfhälte befestigst du am Pompon. Vom zweiten Druckknopf wird ebenfalls die entsprechende Hälfte am Fellpompon angenäht.

KALLE

Gefilztes Cap

KOPFUMFANG: 52–54 cm
SCHWIERIGKEIT: ☆☆

MATERIAL:
- Filzwolle (100 % Wolle, Lauflänge ca. 50 m/50 g): 150 g Blaugrün meliert
- Häkelnadel Nr. 8

TIPP
Sollte die Mütze noch zu groß sein, einfach nochmals bei 40 °C waschen.

Halbe Stäbchen: Jede Reihe bzw. Runde mit 1 zusätzlichen Luftmasche beginnen. Jede Runde mit 1 Kettmasche in das 1. halbe Stäbchen schließen und die Arbeit nach jeder Runde wenden, damit sich der Rundenanfang nicht verschiebt.

Zu- und Abnahmen: Für die Zunahmen jeweils 2 halbe Stäbchen in 1 Masche der Vorrunde häkeln. Die Zunahmen jeweils gleichmäßig verteilen.

Maschenprobe mit Nadel Nr. 8, ungefilzt: 9 halbe Stäbchen und 6 Reihen = 10 x 10 cm

So wird's gemacht:

Häkle 10 halbe Stäbchen in einen Fadenring (= 1. Runde), dabei beginnst du diese und jede weitere Runde mit 1 zusätzlichen Luftmasche und schließt sie mit 1 Kettmasche in die 1. Masche der Runde. Du häkelst weitere 5 Runden halbe Stäbchen, dabei nimmst du in jeder Runde gleichmäßig verteilt 10 Maschen zu = 60 Maschen in der 6. Runde. Häkle dann noch 8 Runden ohne Zunahmen = 14 Runden.

In der 15. Runde werden nun für den Schirm die Maschen der Vorrunde (= 14. Runde) wie folgt behäkelt: je 1 feste Masche in die ersten 22 Maschen, 1 halbes Stäbchen und 1 Stäbchen in die folgende Masche, je 1 Stäbchen in die nächsten 2 Maschen, 2 Stäbchen in die nächste Masche, je 1 Stäbchen in die folgenden 8 Maschen, 2 Stäbchen in die nächste Masche, je 1 Stäbchen in die folgenden 2 Maschen, 1 Stäbchen und 1 halbes Stäbchen in

die nächste Masche und je 1 feste Masche in die letzten 22 Maschen, die Runde mit 1 Kettmasche in die 1. Masche schließen. In der 16. Runde die Maschen der Vorrunde (= 15. Runde) wie folgt behäkeln: die ersten 22 Maschen mit je 1 festen Masche, 1 halbes Stäbchen + 1 Stäbchen in die folgende Masche, 1 Stäbchen + 1 Doppelstäbchen in die nächste Masche, je 1 Doppelstäbchen in die folgenden 3 Maschen, 2 Doppelstäbchen in die nächste Masche, je 1 Doppelstäbchen in die folgenden 8 Maschen, 2 Doppelstäbchen in die nächste Masche, je 1 Doppelstäbchen in die folgenden 3 Maschen, 1 Doppelstäbchen + 1 Stäbchen in die nächste Masche, 1 Stäbchen und 1 halbes Stäbchen in die folgende Masche und je 1 feste Masche in die letzten 22 Maschen, die Runde mit 1 Kettmasche in die 1. Masche schließen. In der 17. Runde in jede Masche der Vorrunde (= 16 Runde) 1 feste Masche häkeln und die Runde mit 1 Kettmasche in die 1. Masche schließen. Dann alle Fäden vernähen.

Anschließend die Mütze bei 40°C in der Waschmaschine filzen, in Form bringen und trocknen lassen.

HUUHUUU!

Mütze mit Eulenmotiv

KOPFUMFANG: ca. 54 cm
SCHWIERIGKEIT: ☆☆☆

MATERIAL:
- Alpaka-Woll-Mischgarn (50 % Polyacryl, 35 % Alpaka, 15 % Schurwolle, Lauflänge 94 m/50 g): je 50 g Tabak, Braun, Petrolgrün und Natur, ein Rest Orange
- Rundstricknadeln Nr. 6 und Nr. 8
- Nadelspiel Nr. 8
- dicke Nähnadel
- Häkelnadel Nr. 6
- feste Pappe (zum Herstellen der Quasten)
- 2 kleine Knöpfe in Schwarz

Bündchenmuster: 2 Maschen rechts, 2 Maschen links im Wechsel stricken.

Rippenmuster: 1 Masche rechts, 3 Maschen links im Wechsel stricken.

Großes Perlmuster: Das Muster läuft über 4 Runden. 1 Masche links, 1 Masche rechts im Wechsel stricken und das Muster in jeder 2. Runde versetzen.

Feste Maschen in Runden: Jede Runde mit 1 Luftmasche beginnen und mit 1 Kettmasche in die 1. feste Masche schließen.

Kraus rechts: In Hin- und Rückreihen rechte Maschen stricken.

Maschenprobe im Bündchenmuster: 13 Maschen und 20 Reihen = 10 x 10 cm;

Maschenprobe im Rippen- und Perlmuster: 13 Maschen und 18 Reihen = 10 x 10 cm.

So wird's gemacht:

Die Mütze wird durchgehend mit doppeltem Faden gestrickt.

Schlage 68 Maschen in Braun mit der Rundstricknadel Nr. 6 an, schließe zur Runde und stricke zunächst 10 Runden im Bündchenmuster.

In der 11. Runde wechselst du zu Rundstricknadel Nr. 8 und Petrolgrün und arbeitest 12 Runden im Rippenmuster.

In der 23. Runde wechsele zu Tabak und stricke 7-mal das Perlmuster (= 28 Runden).

Nach der 50. Runde die Mütze flach hinlegen, sodass sie mittig liegt, an der Oberkante jeweils durch 1 Masche des vorderen und 1 Masche des hinteren Mützenteils den Arbeitsfaden mit der Häkelnadel von links nach rechts durchziehen und mit Kettmaschen zusammenhäkeln. Vernähe nun die Fäden.

Fertige dann aus wenigen braunen Fäden wie folgt zwei kleine Quasten: Du wickelst das Garn etwa 8-mal um ein Stück Pappe. Dann ziehst du am oberen Papprand einen Faden durch die Schlaufen und verknotest ihn. Gegenüber, am unteren Rand, schneidest du die Schlaufen auf. Nun bindest du die Schlaufen noch 1–2 cm vom oberen Knoten mit Garn ab. Dann nähst du die Quasten an die beiden oberen Mützenecken.

Für die Augen (2-mal) arbeitest du mit einfachem Faden wie folgt:

3 Luftmaschen in Natur anschlagen und mit 1 Kettmasche zum Ring schließen.

1. Runde: 6 feste Maschen in den Ring.

2. Runde: 2 feste Maschen in jede feste Masche (= 12 feste Maschen).

3. Runde: 1 feste Masche in jede feste Masche.

4. Runde: 2 feste Maschen in jede feste Masche (= 30 Maschen).

5. Runde: 1 feste Masche in jede feste Masche häkeln.

Die Augen nähst du mit Handstichen auf: in jeweils 4 cm Abstand vom oberen Rand und unteren Rand des braunen Teils, in jeweils 5 cm Abstand zum rechten und linken Rand (siehe Foto). Die kleinen Knöpfe werden in der Augenmitte aufgenäht.

Den Schnabel strickst du mit doppeltem Faden in Orange wie folgt: 10 Maschen mit der Rundstricknadel Nr. 6 anschlagen und in Reihen kraus rechts stricken. Dabei in jeder Reihe beidseitig 2 Maschen rechts zusammenstricken, bis noch 2 Maschen übrig sind. Zuletzt ziehst du den Faden durch die beiden Maschen und vernähst ihn dann. Nähe den Schnabel mittig unterhalb der Augen mit Handstichen fest (siehe Foto).

LADY IN RED

Weinrote Mütze mit Zopfmuster

KOPFUMFANG: 54–57 cm
SCHWIERIGKEIT: ☆☆

MATERIAL:
- Stärkere Wolle (100 % Merinowolle, Lauflänge 70 m/50 g): 100 g Weinrot
- Rundstricknadel Nr. 5 und Nr. 7, je 60 cm lang
- Nadelspiel Nr. 7
- Zopfnadel

Bündchenmuster: 1 Masche rechts, 1 Masche links im Wechsel.

Zopfmuster: Maschenzahl zu Beginn teilbar durch 16. Laut Strickschrift stricken. Gezeichnet sind die ungeraden Runden. In den geraden Runden alle Maschen stricken, wie sie erscheinen. Den Mustersatz von 18 Maschen 5-mal arbeiten. Die 1. und 2. Runde 1-mal stricken, dabei in der 1. Runde wie gezeichnet zunehmen, dann die 3.–8. Runde 4-mal stricken, mit der 27.–48. Runde enden, dabei wie gezeichnet abnehmen.

Maschenprobe im Bündchenmuster mit Nadeln Nr. 5: 18 Maschen und 24 Runden = 10 x 10 cm; **im Zopfmuster mit Nadeln Nr. 7:** 16 Maschen und 23 Runden = 10 x 10 cm

So wird's gemacht:

Schlage 80 Maschen mit der Rundstricknadel Nr. 5 an und stricke für den Bund 6 cm = 14 Runden im Bündchenmuster. Dann arbeitest du mit Nadeln Nr. 7 im Zopfmuster weiter = 90 Maschen nach der 1. Runde. Zur Formgebung nimmst du ab der 27. Runde in jedem Mustersatz wie gezeichnet ab = 10 Abnahmen pro Abnahme-Runde; wechsele bei Bedarf zum Nadelspiel. Nach 21 cm = 48 Runden ab Bund ziehst du die restlichen 10 Maschen mit dem Arbeitsfaden fest zusammen. Vernähe die Fäden.

Strickschrift

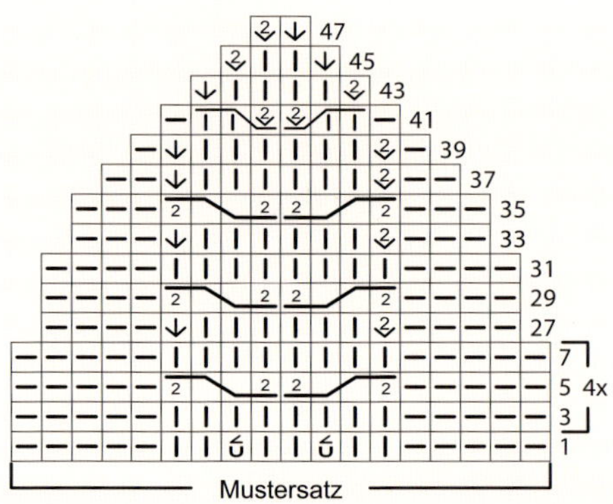

Zeichenerklärung

| = 1 Masche rechts

– = 1 Masche links

ů = 1 Masche rechts verschränkt aus dem Querfaden zunehmen

≶ = 2 Maschen rechts zusammenstricken

↓ = 2 Maschen überzogen zusammenstricken (= 1 Masche rechts abheben, 1 Masche rechts stricken und die abgehobene Masche darüberziehen)

2 ⁄ 2 = 4 Maschen nach rechts verkreuzen: 2 Maschen auf eine Zopfnadel hinter die Arbeit legen, 2 Maschen rechts, dann die Maschen der Zopfnadel rechts stricken

2 ⧵ 2 = 4 Maschen nach links verkreuzen: 2 Maschen auf eine Zopfnadel vor die Arbeit legen, 2 Maschen rechts, dann die Maschen der Zopfnadel rechts stricken

2 ⁄ | | = 4 Maschen nach rechts verkreuzen mit Abnahme: 2 Maschen auf eine Zopfnadel hinter die Arbeit legen, 2 Maschen rechts, dann die Maschen der Zopfnadel rechts zusammenstricken

| | ⧵ 2 = 4 Maschen nach links verkreuzen mit Abnahme: 2 Maschen auf eine Zopfnadel vor die Arbeit legen, 2 Maschen rechts zusammenstricken, dann die Maschen der Zopfnadel rechts stricken

Keep smiling!

LITTLE MISS SUNSHINE

Häkelmütze mit Webband

KOPFUMFANG: 52–54 cm
SCHWIERIGKEIT: ☆

MATERIAL:
- Schurwollmischgarn (60 % Schurwolle, 40 % Polyacryl, Lauflänge ca. 120 m/50 g): 100 g Hellgrün
- farblich passendes Webband, mit Sternchen oder in Neongrün, 16 mm breit, ca. 60 cm lang
- Häkelnadel Nr. 4

Halbe Stäbchen in Spiralrunden: Die Runden nicht mit 1 Kettmasche schließen, sondern direkt in die 1. Masche der Vorrunde einstechen. Den Rundenübergang mit einem farbigen Kontrastfaden markieren.

Zunahmen: Jeweils 2 halbe Stäbchen in eine Einstichstelle häkeln. Die Zunahmen gleichmäßig verteilen.

Maschenprobe mit Nadel Nr 4: 17 halbe Stäbchen und 13 Reihen = 10 x 10 cm

So wird's gemacht:

Du häkelst zunächst 10 halbe Stäbchen in einen Fadenring (= 1. Runde) und arbeitest dann in Spiralrunden weiter, dabei nimmst du in der 2.–8. Runde jeweils 10 Maschen zu = 80 Maschen. Häkle weitere 13 Runden ohne Zunahmen = 21 Runden. Dann schließt du die Runde mit 1 Kettmasche. Dann geht's weiter wie folgt:

22. Runde (= Lochrunde): Mit 1 zusätzlichen Luftmasche beginnen, * 2 halbe Stäbchen in die 2 folgenden halben Stäbchen der Vorrunde häkeln, die folgenden 2 Maschen der Vorrunde mit 2 Luftmaschen übergehen, ab * bis zum Ende der Runde fortlaufend wiederholen und die Runde mit 1 Kettmasche in das 1. halbe Stäbchen schließen.

23. und 24. Runde: In jede Masche der Vorrunde 1 halbes Stäbchen häkeln, dabei jede Runde mit 1 zusätzlichen Luftmasche beginnen und mit 1 Kettmasche schließen.

Vernähe dann die Fäden.

Nun wird noch das Webband durch die Maschen der Lochrunde gefädelt und in der gewünschten Länge abgeschnitten. Dazu solltest du die Mütze anprobieren und erst dann das Band abschneiden, da es sich nicht mit dehnt. Du kannst die Enden aber auch lang lassen und einfach zu einer Schleife binden. Die Webbänder kannst du je nach Lust und Laune jederzeit austauschen.

LONG-JOHN

Basic-Mütze mit Schmuckanhänger

KOPFUMFANG: 54–56 cm
SCHWIERIGKEIT: ☆☆

MATERIAL:
- Alpaka-Woll-Mischgarn (50 % Polyacryl, 35 % Alpaka, 15 % Schurwolle, Lauflänge 94 m/50 g): 100 g Grau
- Nadelspiel Nr. 6
- Häkelnadel Nr. 6
- Anhänger in Silber

Großes Perlmuster: Muster über 4 Runden. 1 Masche links, 1 Masche rechts im Wechsel stricken, das Muster nach jeder 2. Runde versetzen.

Maschenprobe im großen Perlmuster mit Nadeln Nr 6: 15 Maschen und 10 Reihen = 10 x 4,5 cm

So wird's gemacht:

Du schlägst 65 Maschen an, verteilst sie auf vier Nadeln (= drei Nadeln mit 16 Maschen, eine Nadel mit 17 Maschen) und strickst 20 cm im Perlmuster. Anschließend strickst du in jeder 2. Runde die ersten und letzten 3 Maschen jeder Nadel zusammen. Ziehe die restlichen 17 Maschen mit dem Arbeitsfaden fest zusammen. Vernähe dann die Fäden.

Den unteren Mützenrand behäkelst du mit 1 Runde fester Maschen und 1 Runde Krebsmaschen.

Zum Schluss nähst du den Anhänger seitlich an der Mütze fest.

Love is in the

air!

HEARTBREAKER

Pomponmütze mit Ohrenklappen

KOPFUMFANG: 54–56 cm
SCHWIERIGKEIT: ☆–☆☆

MATERIAL:

- Schurwollmischgarn (50 % Schurwolle, 50 % Polyacryl, Lauflänge 60 m/100 g): 200 g Hellpink
- Nadelspiel Nr. 8
- Häkelnadel Nr. 8
- Nähgarn in Rosé
- Nähnadel
- feste Pappe (zum Herstellen des Pompons)

Kraus rechts: In Hin- und Rückreihen rechte Maschen stricken.
Glatt rechts: In Runden stets rechte Maschen stricken.
Maschenprobe glatt rechts mit Nadeln Nr. 8: 10 Maschen und 5 Reihen = 10 x 5 cm

So wird's gemacht:

Zuerst werden beide Ohrenklappen einzeln gestrickt.
Für die erste Ohrenklappe schlägst du 4 Maschen an und strickst kraus rechts in Reihen, dabei nimmst du in jeder 2. Reihe beidseitig 2 Maschen zu, bis insgesamt 12 Maschen auf der Nadel sind. Diese Maschen werden stillgelegt. Die zweite Ohrenklappe strickst du genauso. Nun geht's weiter wie folgt: Auf dem Nadelspiel 14 Maschen anschlagen, dann die 12 Maschen der ersten Ohrenklappe hinzunehmen, weitere 10 Maschen anschlagen und anschließend die 12 Maschen der zweiten Ohrenklappe hinzufügen (= 48 Maschen). In Runden glatt rechts arbeiten. Im Verlauf des Strickens die Maschen gleichmäßig auf alle vier Nadeln verteilen (= 12 Maschen pro Nadel).
Nach 20 cm ab Anschlag beginnst du mit den Abnahmen: Dafür in jeder 2. Runde die ersten und letzten 2 Maschen auf jeder Nadel rechts zusammenstricken. Die restlichen 12 Maschen mit dem Arbeitsfaden fest zusammenziehen und dann die Fäden vernähen.
Mit der Häkelnadel Nr. 8 entlang des unteren Mützenrandes 1 Runde Krebsmaschen arbeiten.
So häkelst du das Herz: 40 Luftmaschen anschlagen, diese Luftmaschenkette zu einem Herz legen und mit Nähgarn auf die Mützenvorderseite nähen. Anfangs- und Endfaden an der Herzspitze zur Schleife binden.

Fertige zwei Pompons von jeweils 7 cm Durchmesser an und befestige sie wie abgebildet an den beiden Ohrenklappen.

Stelle dann noch einen Pompon von 10 cm Durchmesser her und nähe ihn an die Mützenspitze.

PURE WHITE

Slouch in Wollweiß

KOPFUMFANG: 54–56 cm
SCHWIERIGKEIT: ☆☆

MATERIAL:
- Stärkere Wolle (60 % Merinowolle, 40 % Polyacryl, Lauflänge 85 m/50 g): 100 g Wollweiß
- Rundstricknadel Nr. 5, 60 cm lang
- Nadelspiel Nr. 5
- Zopfnadel

Bündchenmuster: Maschenzahl teilbar durch 5.
1. Runde: 2 Masche rechts, 3 Maschen links im Wechsel.
2. Runde: * 2 Maschen nach rechts verkreuzen (= die 1. Masche vor der 2. Masche rechts stricken, dann die 2. Masche rechts stricken und beide Maschen von der linken Nadel nehmen), 3 Maschen links, ab * stets wiederholen.
Die 1. und 2. Runde stets wiederholen.
Zopfmuster: Maschenzahl teilbar durch 8. Laut Strickschrift stricken. Gezeichnet ist die Zunahme-Runde A, danach alle ungeraden Runden sowie 2 gerade Runden, in denen abgenommen wird. In den übrigen, nicht gezeichneten geraden Runden alle Maschen stricken, wie sie erscheinen, Umschläge stets rechts verschränkt stricken. Die Zunahme-Runde A 1-mal, dann die 1.–6. Runde 5-mal arbeiten, mit der 31.–48. Runde enden.
Maschenprobe mit Nadeln Nr. 5 im Bündchenmuster: 17 Maschen und 30 Runden = 10 x 10 cm; **im Zopfmuster:** 22 Maschen und 28 Runden = 10 x 10 cm.

So wird's gemacht:

Schlage 80 Maschen an und stricke zunächst für den Bund 5,5 cm = 16 Runden im Bündchenmuster. Dann arbeitest du die Zunahme-Runde A laut Strickschrift und strickst in der folgenden Runde die Maschen, wie sie erscheinen, Umschläge rechts verschränkt = 128 Maschen. Dann strickst du im Zopfmuster ab der 1. Runde weiter = 16 Mustersätze. In der 32. und 41. Runde nimmst du in jedem Mustersatz wie gezeichnet ab = 64 Maschen.
Verteile nun die 64 Maschen auf vier Nadeln des Nadelspiels (= 16 Maschen pro Nadel) und arbeite die 43.–48. Runde der Strickschrift. In der 48. Runde wird wie gezeichnet abgenommen, bei der 1. Abnahme die letzte Masche der vorhergehenden Runde einbeziehen = 32 Maschen. Nach 17 cm = 48 Runden Zopfmuster strickst du noch 4 Runden ohne Abnahmen, dabei arbeitest du abwechselnd

1 Patentmasche und 1 Masche links. In der folgenden Runde werden jeweils die Patentmasche mit der davorliegenden Masche rechts zusammengestrickt. Ziehe dann die restlichen 16 Maschen mit dem Arbeitsfaden zusammen. Mützenhöhe ab Bund = 20 cm. Dann werden die Fäden vernäht.

Strickschrift

		–				▲		48
–		–		–		∨		47
–		–		–		∨		45
–		–		–		∨		43
–		↑		–		∨		41
–	I	I	I	–		∨		39
–	I	I	I	–		∨		37
–	U	↑	U	–		∨		35
–	I	I	I	–		∨		33
–	I	I	I	–		▲		32
–	I	I	I	–	–	∨	–	31
–	U	↑	U	–	–	∨	–	5 (5x)
–	I	I	I	–	–	∨	–	3 (5x)
–	I	I	I	–	–	∨	–	1 (5x)
–	U	I	U	–	–	U	–	A

Mustersatz

Zeichenerklärung

I = 1 Masche rechts

– = 1 Masche links

U = 1 Umschlag

∨ = 1 Patentmasche: 1 Masche mit 1 Umschlag links abheben, in der folgenden Runde die Masche mit dem Umschlag rechts zusammenstricken

↑ = 3 Maschen überzogen zusammenstricken: 1 Masche rechts abheben, 2 Maschen rechts zusammenstricken und die abgehobene Masche darüberziehen

▲ = die Patentmasche mit dem Umschlag und der davorliegenden Masche rechts abheben, die folgende Masche rechts stricken und die abgehobenen Maschen mit dem Umschlag über die gestrickte Masche ziehen

■ = keine Masche, dient zur Verdeutlichung der Abnahmen

Urban Style

OH LÀ, LÀ, LÀ

Slouch mit breitem Bund

KOPFUMFANG: 52–54 cm
SCHWIERIGKEIT: ☆☆☆

MATERIAL:
- Schurwollmischgarn (33 % Schurwolle, 67 % Viskose, Lauflänge ca. 310 m/50 g): 50 g Anthrazit
- Häkelnadel Nr. 3,5

Halbe Stäbchen in Runden: Jede Runde mit 1 zusätzlichen Luftmasche beginnen und mit 1 Kettmasche in das 1. halbe Stäbchen schließen.
Feste Maschen in Runden: Jede Runde mit 1 zusätzlichen Luftmasche beginnen und mit 1 Kettmasche in die 1. feste Masche der Runde schließen.
Kreuzstäbchen in Runden: Die Runde mit 2 Luftmaschen, 1 Stäbchen in die übernächste Einstichstelle, 3 Luftmaschen, 1 Stäbchen in den Kopf des Stäbchens beginnen und mit 1 Kettmasche in die 2. der 3 Luftmaschen schließen. Dann weiter wie in der Häkelschule auf S. 63 beschrieben.
Maschenprobe mit Nadel Nr. 3,5: 18 feste Maschen und 6 Reihen = 10 x 10 cm

So wird's gemacht:

Schlage 96 Luftmaschen an, schließe mit 1 Kettmasche zur Runde und häkle in jede Luftmasche des Anschlags 1 halbes Stäbchen (= 1. Runde). Nun häkelst du weiter wie folgt:
2.–7. Runde: Halbe Stäbchen.
8. Runde: Kreuzstäbchen, dabei für die Zunahmen in dieser Runde das 1. Doppelstäbchen eines Kreuzstäbchens in dieselbe Einstichstelle wie das letzte Stäbchen des vorhergehenden Kreuzstäbchens arbeiten = 48 Kreuzstäbchen.
9. Runde: 144 feste Maschen.
10. Runde: Kreuzstäbchen.
11. Runde: Feste Maschen.
Die 10. und 11. Runde noch 9 x wiederholen = 29 Runden, dabei für die Abnahmen in der 23. Runde jede 2. und 3. feste Masche zusammen abmaschen = 96 feste Maschen, in der 25. Runde je 2 feste Maschen zusammen abmaschen = 48 feste Maschen, in der 27. Runde je 2 feste Maschen zusammen abmaschen = 24 feste Maschen und in der 29. Runde je 2 feste Maschen zusammen abmaschen = 12 feste Maschen.
Ziehe die Maschen der letzten Runde mit dem Arbeitsfaden zusammen.

Zum Schluss behäkelst du die andere Seite des Luftmaschenanschlags mit 1 Runde halben Stäbchen. Abschließend vernähst du alle Fäden.

INDIAN SUMMER

Fliegermütze mit Pelzgarn

KOPFUMFANG: 52–54 cm
SCHWIERIGKEIT: ☆☆

MATERIAL:

- Schurwollmischgarn (53 % Schurwolle, 47 % Polyacryl, Lauflänge ca. 80 m/50 g): 100 g Orange-Lila
- Pelzgarn (82 % Viskose, 18 % Polyamid, Lauflänge ca. 40 m/50 g): 50 g Orange
- Häkelnadel Nr. 8

Halbe Stäbchen: Jede Reihe bzw. Runde mit 1 zusätzlichen Luftmasche beginnen. Jede Runde mit 1 Kettmasche in das 1. halbe Stäbchen schließen und die Arbeit nach jeder Runde wenden.

Zu- und Abnahmen: Für die Zunahmen jeweils 2 halbe Stäbchen in 1 Masche der Vorrunde häkeln. Für die Abnahmen jeweils 2 halbe Stäbchen zusammen abmaschen. Die Zu- und Abnahmen werden dabei, wenn nicht anders angegeben, jeweils gleichmäßig verteilt.

Maschenprobe mit Schurwollmischgarn und Nadel Nr. 8: 8,5 halbe Stäbchen und 7 Reihen = 10 x 10 cm

So wird's gemacht:

Für die im Tragen linke Ohrenklappe schlägst du mit dem Schurwollmischgarn 4 Luftmaschen und 1 zusätzliche Wendeluftmasche an und häkelst dann wie folgt halbe Stäbchen in hin- und hergehenden Reihen:

1. Reihe: 2 halbe Stäbchen in die 4. Luftmasche, je 1 halbes Stäbchen in die folgenden 2 Luftmaschen des Anschlags und 1 halbes Stäbchen in die 1. Luftmasche.

2. Reihe: Halbe Stäbchen, dabei beidseitig 1 Masche zunehmen = 8 Maschen.

3. Reihe: Halbe Stäbchen ohne Zunahmen.

4. Reihe: Halbe Stäbchen, dabei beidseitig 1 Masche zunehmen = 10 Maschen.

5. Reihe: Halbe Stäbchen ohne Zunahmen.

6. Reihe: Halbe Stäbchen, dabei am Reihenende 1 Masche zunehmen = 11 Maschen, noch 10 Luftmaschen arbeiten und enden.

Beginne nun die rechte Ohrenklappe separat und häkle genauso, jedoch ohne die Luftmaschen am Ende. Ab der 7. Runde häkelst du dann über beide Ohrenklappen und die dazwischenliegenden neu angeschlagenen Luftmaschen in hin- und hergehenden Reihen weiter wie folgt:

7. Reihe: Je 1 halbes Stäbchen in die 11 Maschen der rechten Ohrenklappe, je 1 halbes Stäbchen in jede der 10 Luftmaschen, je 1 halbes Stäbchen in die 11 Maschen der linken Ohrenklappe = 32 Maschen.

8.–14. Reihe: Je 1 halbes Stäbchen in jede Masche der Vorreihe = 32 Maschen.

Lege die Arbeit still und häkle nun zunächst den Schirm. Für den Schirm schlägst du mit dem Pelzgarn 15 Luftmaschen + 1 zusätzliche Wendeluftmasche an und häkelst dann wie folgt halbe Stäbchen in hin- und hergehenden Reihen:

1. Reihe: Halbe Stäbchen, dabei beidseitig 1 Masche zunehmen = 17 Maschen.

2.–4. Reihe: Halbe Stäbchen ohne Zunahmen.

5. Reihe: Halbe Stäbchen, dabei beidseitig 1 Masche abnehmen = 15 Maschen.

6. Reihe: Halbe Stäbchen, dabei beidseitig 1 Masche abnehmen = 13 Maschen, dann enden.

Nun nimmst du die Arbeit aus meliertem Garn wieder auf und häkelst wie folgt halbe Stäbchen in hin- und hergehenden Runden:

15. Runde: Halbe Stäbchen, dabei gleichmäßig verteilt 5 Maschen abnehmen = 44 Maschen.

16.–19. Runde: Halbe Stäbchen, dabei jeweils gleichmäßig verteilt 6 Maschen abnehmen = 20 Maschen.

20. und 21. Runde: Halbe Stäbchen, dabei immer 2 Maschen zusammen abmaschen = 5 Maschen. Ziehe die Maschen der letzten Runde mit dem Arbeitsfaden zusammen.

Die komplette Mütze wird nun noch mit 1 Runde halben Stäbchen mit Pelzgarn behäkelt. Den Schirm schlägst du nach oben und fixierst ihn mit kleinen Handstichen. Zum Schluss noch alle Fäden vernähen.

KLEINE STRICKSCHULE

Maschenanschlag

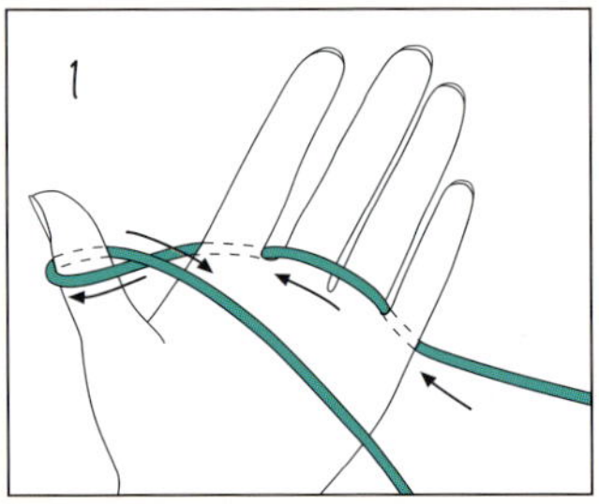

Das Fadenende zwischen kleinem und Ringfinger von außen nach innen führen, zwischen Mittel- und Zeigefinger nach außen holen und von vorne um den Daumen legen.

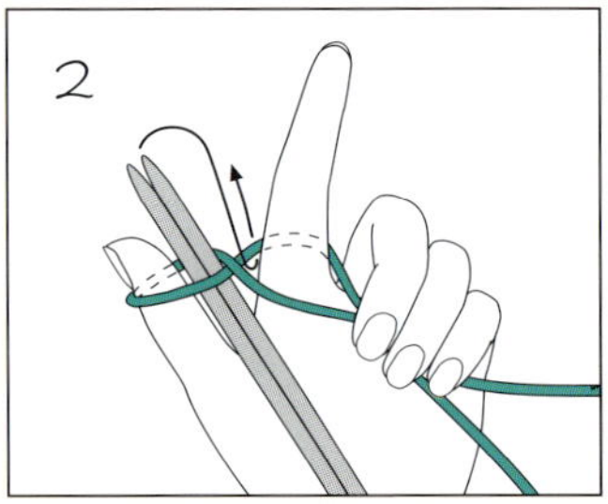

Mit 2 Nadeln die Daumenschlinge erfassen. Dann mit den Nadeln die Zeigefingerschlinge des Fadens erfassen. Die Zeigefingerschlinge durch die Daumenschlinge holen.

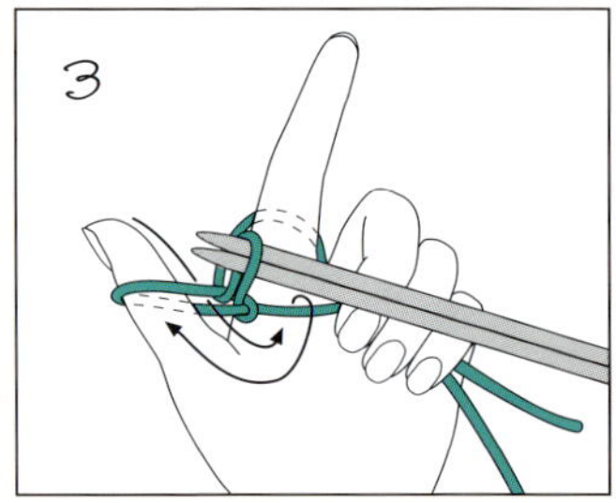

Den Daumen aus der Schlinge ziehen, unter den vorderen Faden führen und mit dem Daumen die Schlinge festziehen. Die 2. Nadel nach gewünschter Maschenzahl herausziehen.

Rundstricken mit dem Nadelspiel

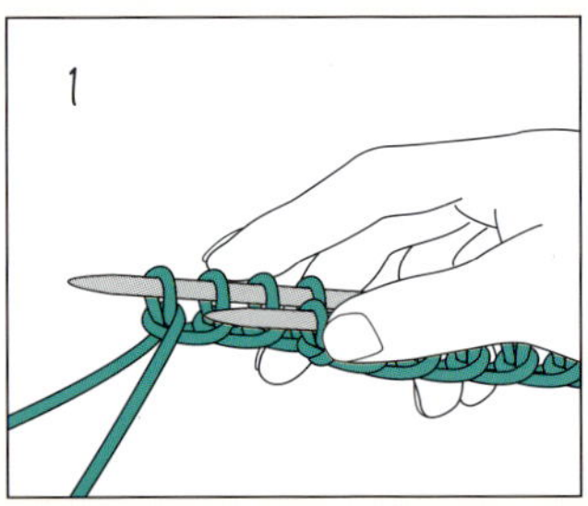

Die Maschen auf vier Nadeln verteilt anschlagen. Nach dem Anschlag auf der 1. Nadel, die 2. mit vorstehender Spitze parallel darüberhalten. Auf diese Weise weiter Maschen anschlagen.

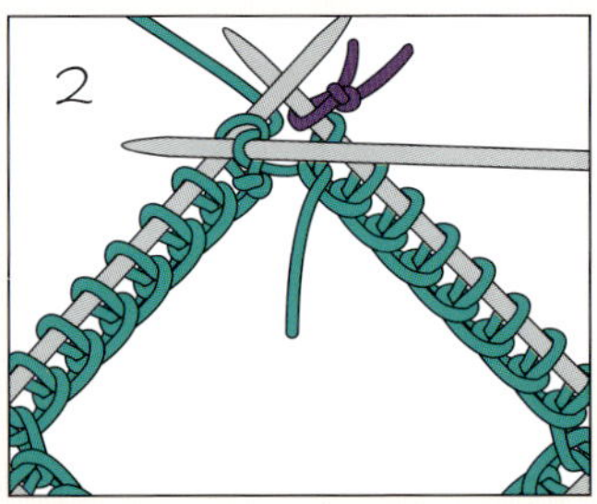

Die Nadeln zum Quadrat legen, die Maschen dabei nicht verdrehen. Am Rundenanfang eine Markierung anbringen. Mit der 5. Nadel die 1. Anschlagmasche stricken, Faden fest anziehen, damit sich die Runde ohne Lücke schließt. Dann die ganze Runde stricken.

Rechte Masche

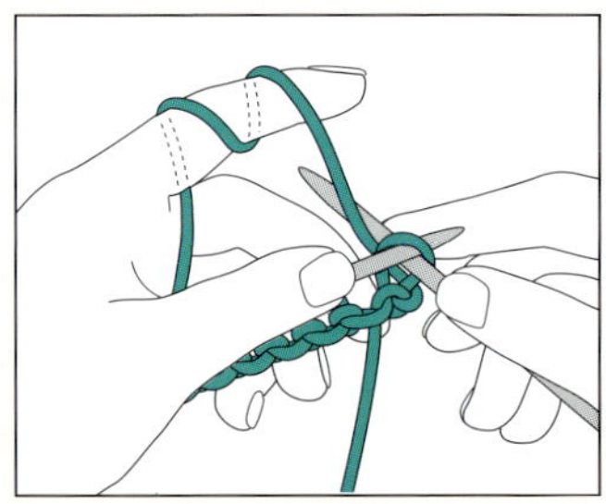

Der Faden liegt hinter der linken Nadel. Mit der rechten Nadel von links nach rechts in die Masche einstechen, den Faden mit der rechten Nadel fassen und durch die Masche ziehen. Die Masche von der linken Nadel gleiten lassen.

Linke Masche

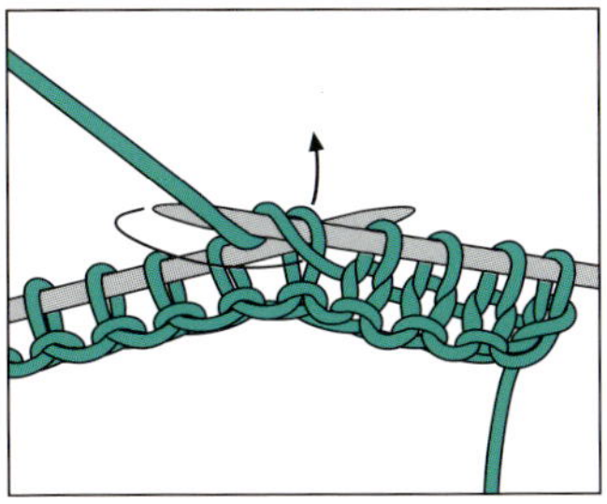

Der Faden liegt vor der linken Nadel. Mit der rechten Nadel von rechts nach links in die Masche einstechen. Den Faden durchholen. Die Masche von der linken Nadel gleiten lassen.

Rechts verschränkte Masche

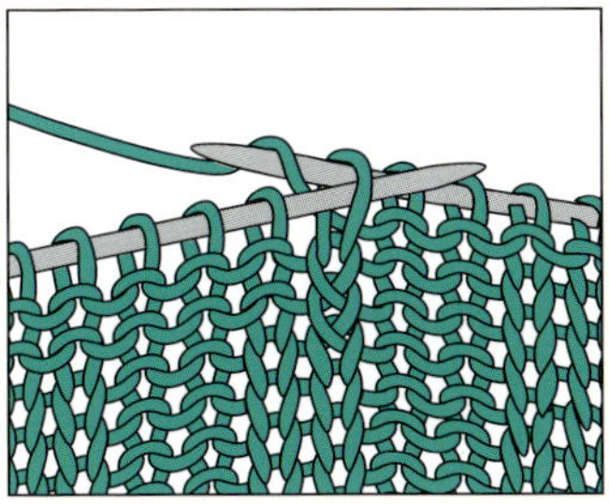

Der Faden liegt hinter der Arbeit. Von hinten nach vorn in das hintere Maschenglied einstechen und den Faden wie beim Rechtsstricken durchholen.

Maschen rechts zusammenstricken

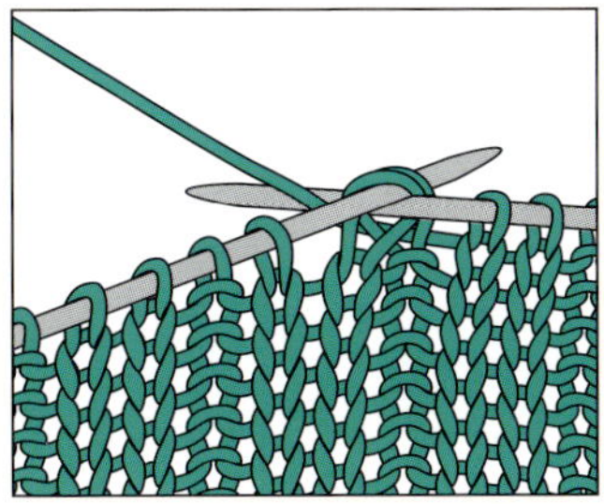

Den Faden hinter die Arbeit legen. Mit der rechten Nadel von links nach rechts durch beide Maschen stechen, den Faden durchholen. Die Maschen von der linken Nadel gleiten lassen.

Maschen links zusammenstricken

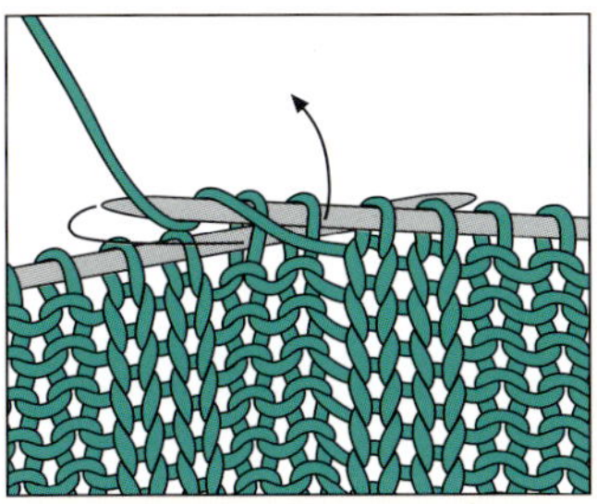

Wie bei einer linken Masche liegt der Faden vor der linken Nadel. Von rechts nach links durch beide Maschen stechen, den Faden durchholen und die Maschen von der linken Nadel gleiten lassen.

Maschen überzogen zusammenstricken

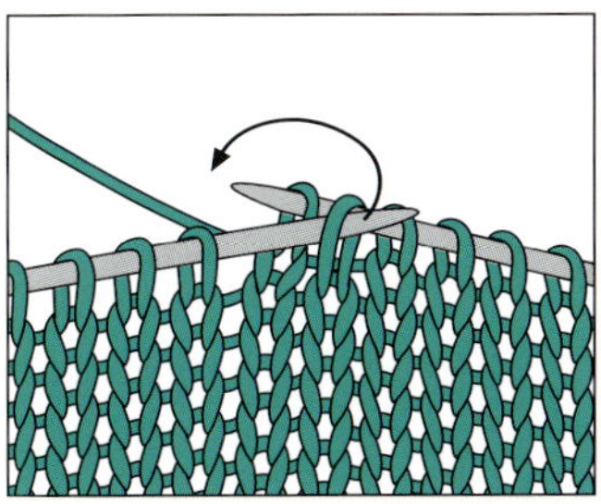

1 Masche wie zum Rechtsstricken abheben, die folgende Masche rechts stricken und die abgehobene Masche darüberziehen.

Maschen abketten

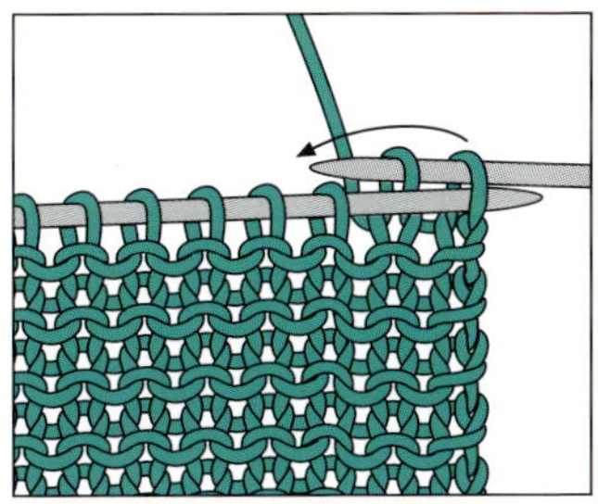

Die ersten 2 Maschen stricken. Mit der linken Nadel in die 1. Masche stechen, diese über die 2. Masche legen und mit der rechten Nadel die 2. Masche durch die 1. ziehen. Fortlaufend die nächste Masche stricken und die vorhergehende darüberziehen.

Verzopfung nach rechts

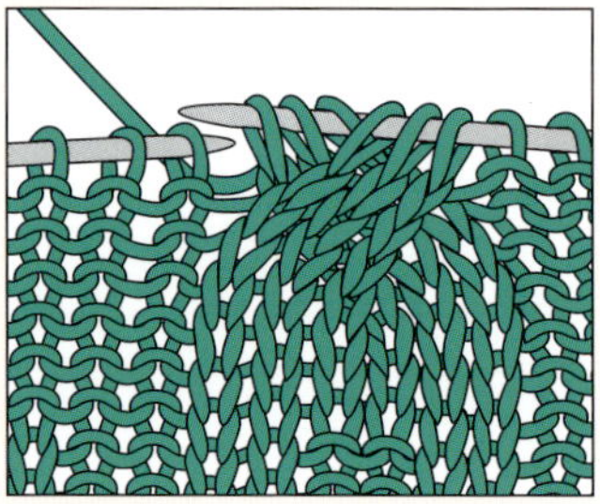

3 Maschen auf eine Zopfnadel nehmen und hinter die Arbeit legen, die folgenden 3 Maschen der linken Nadel rechts stricken, dann die Maschen der Zopfnadel rechts stricken.

Rechts verschränkt aus dem Querfaden zunehmen

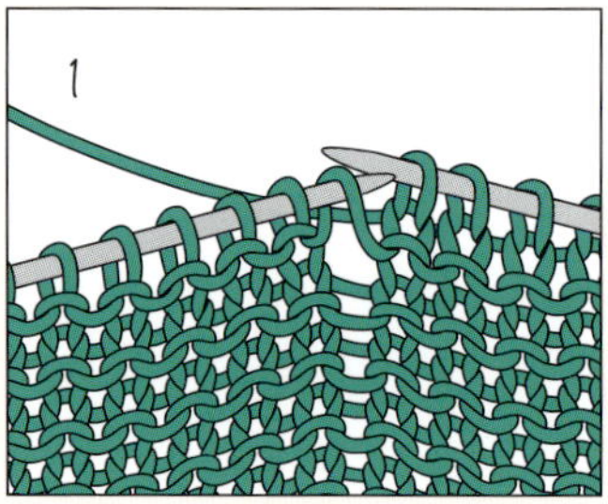

Den Querfaden zwischen 2 Maschen mit der linken Nadel von vorn nach hinten aufnehmen.

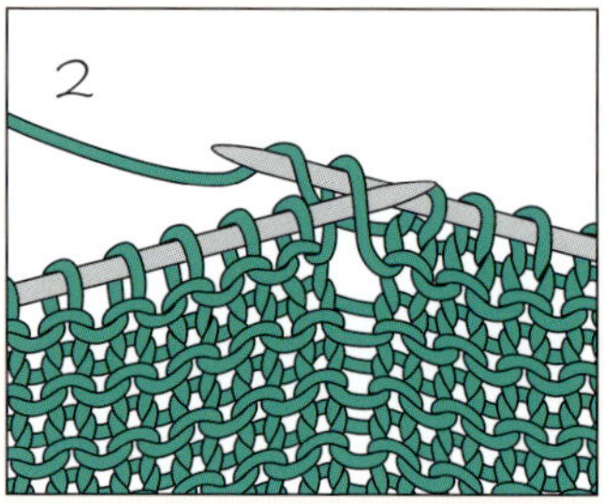

Der Arbeitsfaden liegt hinten. In den hinteren Schlingenteil einstechen. Faden durchholen. Den aufgenommenen Querfaden von der linken Nadel gleiten lassen. Eine zusätzliche Masche ist entstanden.

Verzopfung nach links

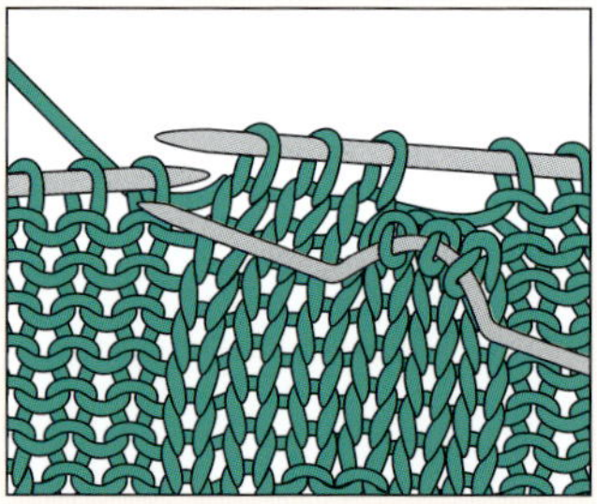

3 Maschen auf eine Zopfnadel nehmen und vor die Arbeit legen, die folgenden Maschen der linken Nadel rechts stricken, dann die 3 Maschen der Zopfnadel rechts stricken.

Maschenstich

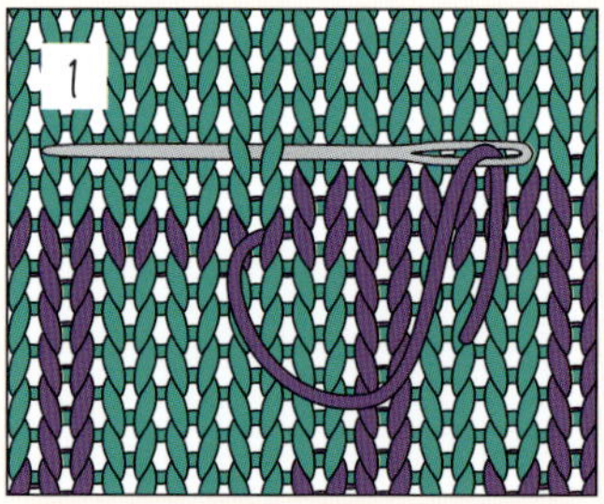

Mit einer Wollnadel ohne Spitze von hinten nach vorn durch die Mitte der 1. Masche ausstechen und den Faden durchziehen.

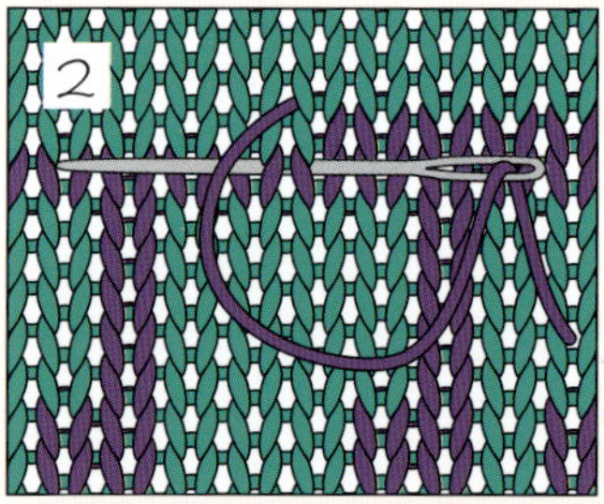

Dem Verlauf dieser Masche entsprechend um die obere Masche ein- und wieder ausstechen und den Faden durchziehen. Anschließend wieder in die Mitte der 1. Masche einstechen und aus der folgenden Masche ausstechen.

Quaste

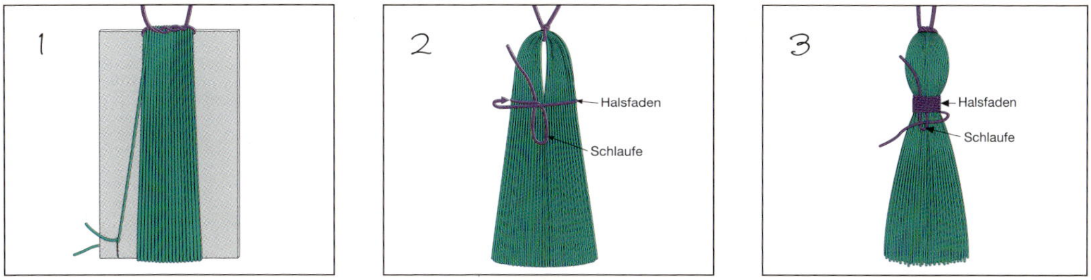

Ein Papprechteck zuschneiden. Unten an der Schmalseite einen Schlitz von 1 cm einschneiden. Fadenende einklemmen und die Pappe locker mit Garn umwickeln. Faden abschneiden und in den Schlitz klemmen. Den Garnstrang oben verknoten, dazu einen Faden mit einer Wollnadel zwischen Pappe und Strang durchführen, mit Knoten sichern. Fadenenden aus dem Schlitz ziehen, Strang an der Kante aufschneiden, Pappe entfernen.
»Hals« abbinden: Das Fadenbündel ca. 2 cm unterhalb des oberen Knotens mit einem langen Faden abbinden. Fadenanfang im oberen Drittel zur Schlaufe legen und mit dem Daumen fixieren. Das Garn fest um den Strang wickeln. Das Fadenende durch die Schlaufe führen und den Faden am anderen Ende anziehen, sodass sich die Schlaufe zusammenzieht und das Fadenende mitgefasst wird. Die Schlaufe festziehen. Fäden abschneiden. »Rock« der Quaste zurechtschneiden.

Wie lese ich eine Strickschrift?

Jedes Kästchen steht für eine Masche, jede Kästchenreihe zeigt eine Maschenreihe. Die Abfolge der Kästchen in der Strickschrift entspricht der Abfolge der Maschen beim Stricken. Die Zahlen an der Seite nennen die Rundenzahlen von unten nach oben, genauso, wie gestrickt wird. Wie die jeweilige Masche gestrickt wird, verdeutlichen Zeichen, die in der Zeichenerklärung definiert werden.
Der Mustersatz zeigt die Anzahl der Maschen in der Breite, die benötigt wird, um das Muster einmal zu bilden. Für den Mustersatz in der Höhe steht die entsprechende Reihenwiederholung jeweils in der Anleitung. Die Strickschriftensymbole sind direkt beim Strickmuster erklärt.

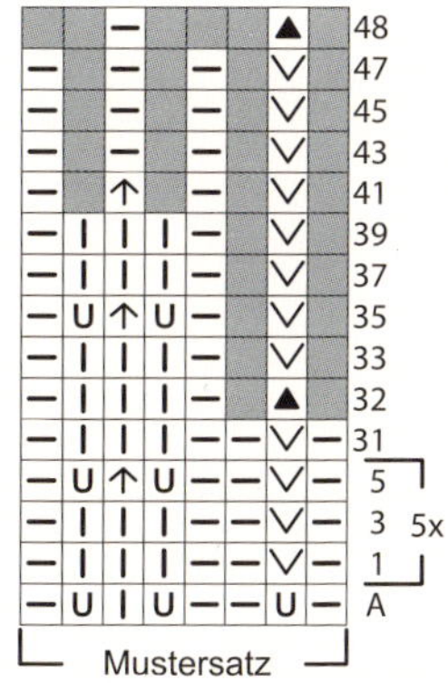

KLEINE HÄKELSCHULE

Luftmaschenanschlag

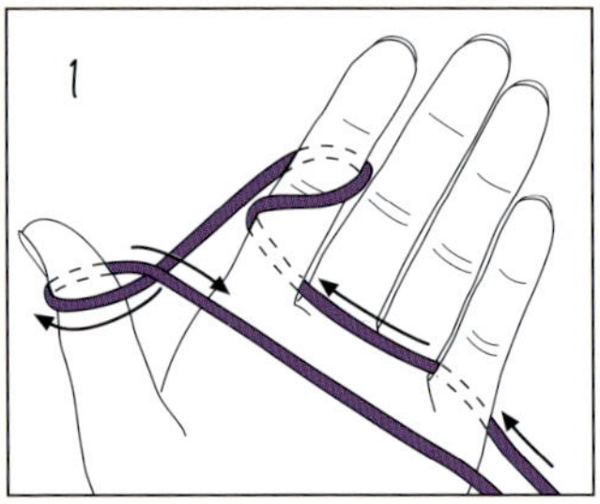

Den Faden wie im Bild gezeigt um die linke Hand legen.

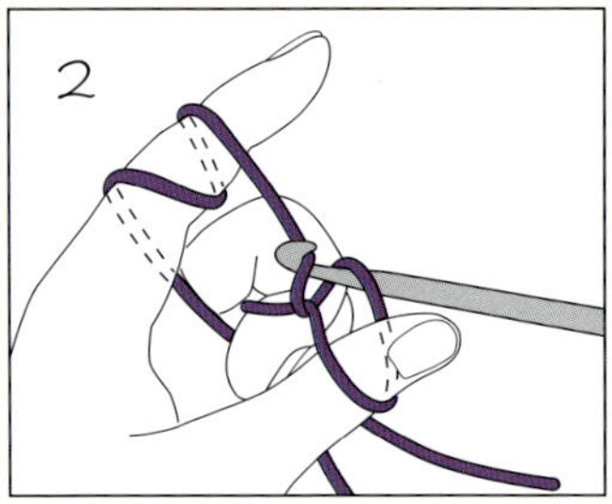

Die Nadel von unten in die Daumenschlinge schieben. Den Faden erfassen und durchziehen. Daumen aus der Schlinge nehmen. Der Anschlagsknoten und eine Schlinge sind fertig.

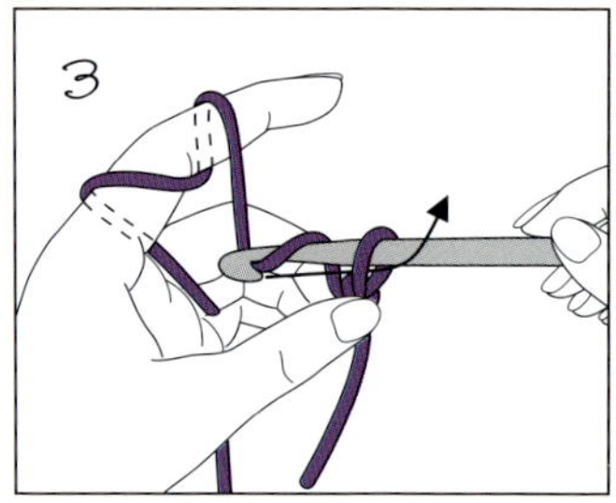

Den Anschlagsknoten mit Daumen und Mittelfinger halten, den Faden vom Zeigefinger mit der Nadel erfassen und durch die Schlinge ziehen. Die 1. Luftmasche ist fertig. Wiederholen, bis die gewünschte Luftmaschenzahl erreicht ist.

Fadenring

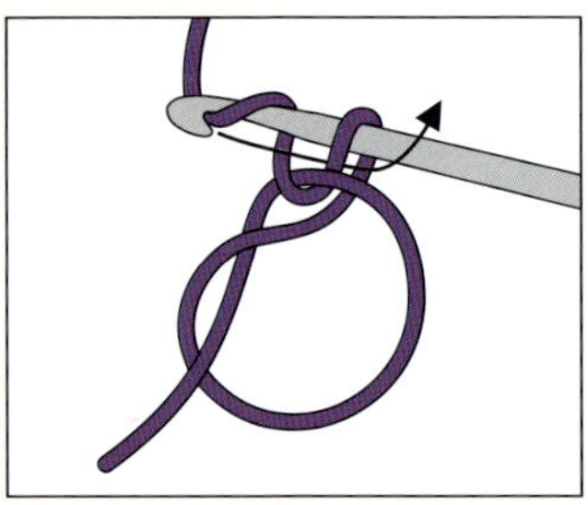

Faden zur Schlinge legen, einstechen, Faden um die Nadel legen und durchziehen. Arbeitsfaden um den linken Zeigefinger legen, den Kreuzungspunkt des Fadenrings festhalten und 1 Luftmasche häkeln. So viele Maschen wie angegeben in den Ring häkeln, dann festziehen.

Feste Masche

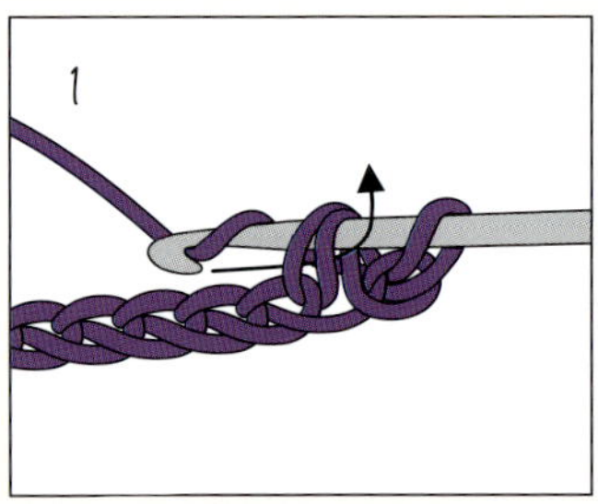

In die vorgesehene Masche einstechen und den Faden von hinten nach vorn um die Nadel legen.

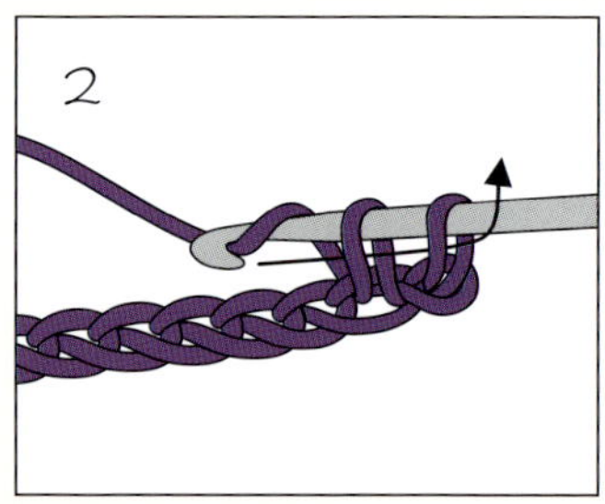

Den Umschlag durchziehen. Den Faden erneut um die Nadel legen und durch beide Schlingen ziehen.

Kettmasche

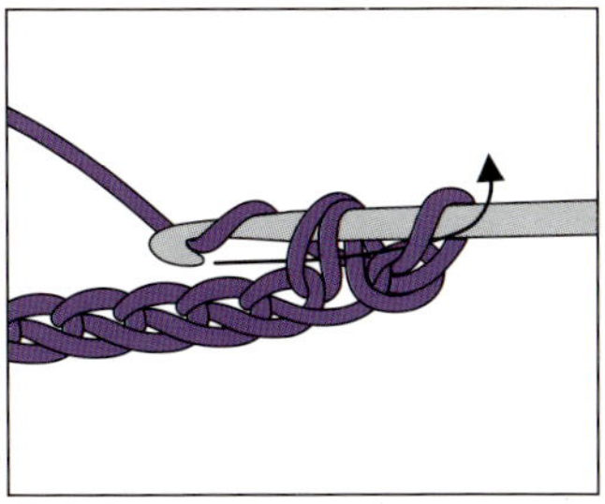

In die vorgesehene Masche einstechen, den Faden um die Nadel legen und diesen Umschlag durch alle Schlingen auf der Nadel ziehen.

Halbes Stäbchen

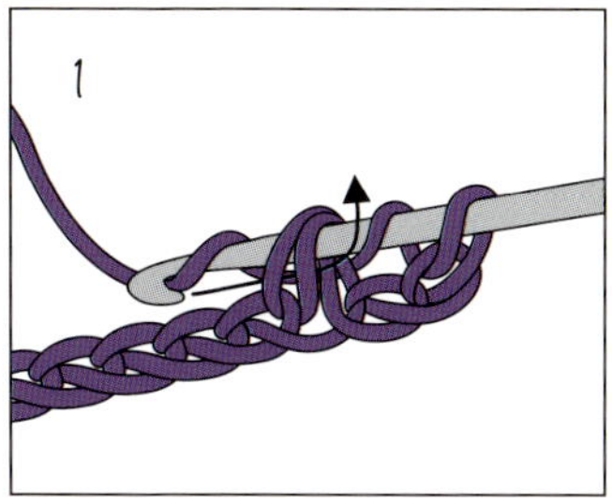

Einen Umschlag um die Nadel legen und in die vorgesehene Masche einstechen. Den Faden um die Nadel legen und diesen Umschlag durch die Masche ziehen.

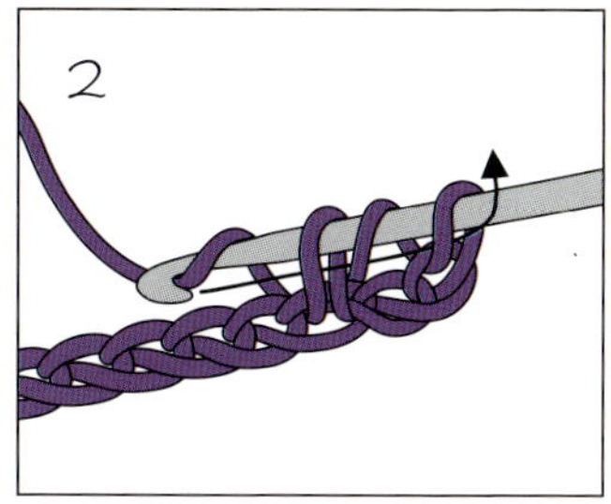

Den Faden wieder um die Nadel legen und den Umschlag durch alle Schlingen ziehen. Das 1. halbe Stäbchen fertig. So oft wie benötigt wiederholen.

Stäbchen

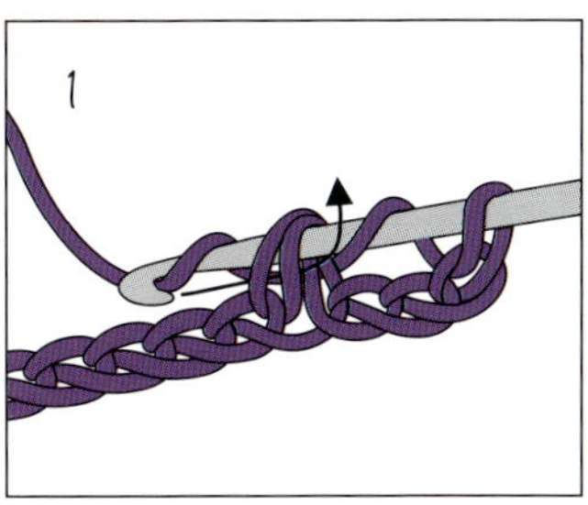

1 Umschlag um die Nadel legen und in die vorgesehene Masche einstechen. Den Faden nochmals um die Nadel legen und durch die Masche ziehen. Den Faden wieder um die Nadel legen.

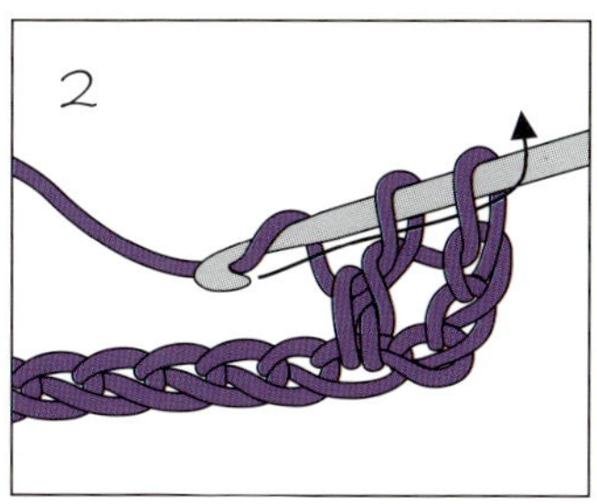

Diesen Umschlag durch 2 auf der Nadel liegende Schlingen ziehen. Den Faden wieder um die Nadel legen.

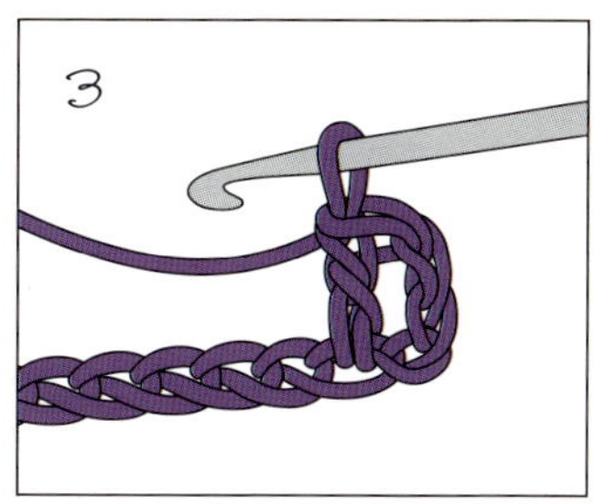

Diesen Umschlag durch beide Schlingen ziehen. Das 1. Stäbchen ist fertig. So oft wie benötigt wiederholen.

Zwei Stäbchen zusammen abmaschen

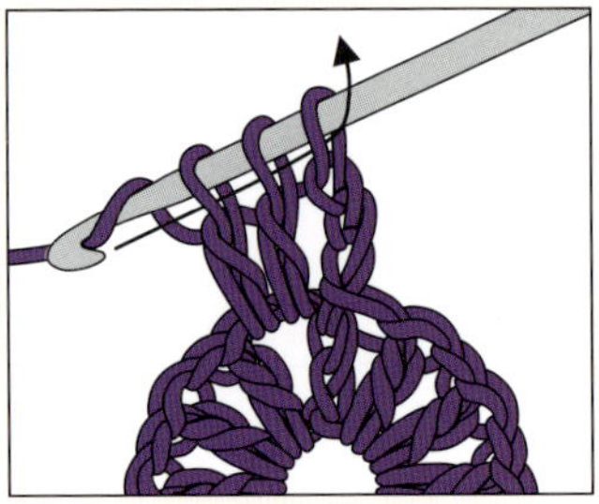

Ein Stäbchen häkeln, aber nur 1-mal 2 Schlingen abmaschen. Dann das 2. Stäbchen nur so weit wie das 1. Stäbchen arbeiten. Mit 1 Umschlag den Faden durch alle 3 Schlingen ziehen. Entsprechend bei anderen Maschenarten verfahren.

Doppelstäbchen

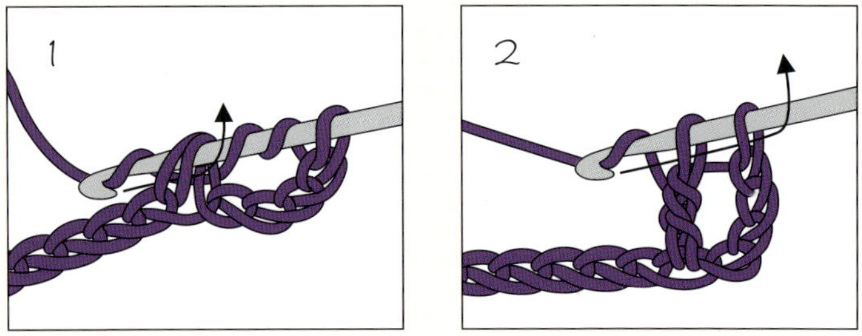

2 Umschläge um die Nadel legen und in die vorgesehene Masche einstechen. Den Faden erfassen und durch die Masche ziehen. Es sind 4 Schlingen auf der Nadel.

Einen neuen Umschlag durch die ersten 2 Schlingen ziehen. Einen weiteren Umschlag durch die nächsten 2 Schlingen ziehen und dann einen Umschlag durch die letzten beiden Schlingen.

In Runden häkeln

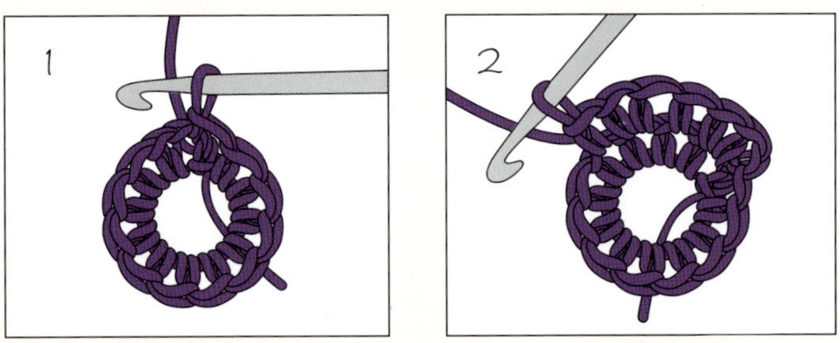

In eine Luftmasche oder wie hier in einen Fadenring die gewünschte Anzahl an festen Maschen häkeln. Dann die Runde mit einer Kettmasche in die 1. feste Masche schließen.

Jede Runde mit der für die Maschenart entsprechende Anzahl an Luftmaschen beginnen. Pro Runde gemäß Anleitung zunehmen.

Farbwechsel

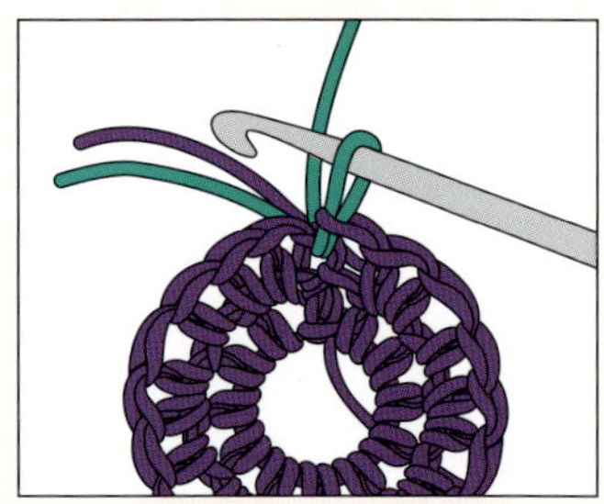

Die letzte Masche der Vorrunde in der neuen Farbe abmaschen. Beide Fadenenden zurückschneiden und auf die Maschenglieder der Vorrunde legen. Die folgenden 4–5 Maschen über die Fadenenden der Vorrunde arbeiten. Die Enden in der Masche verstecken.

Kreuzstäbchen

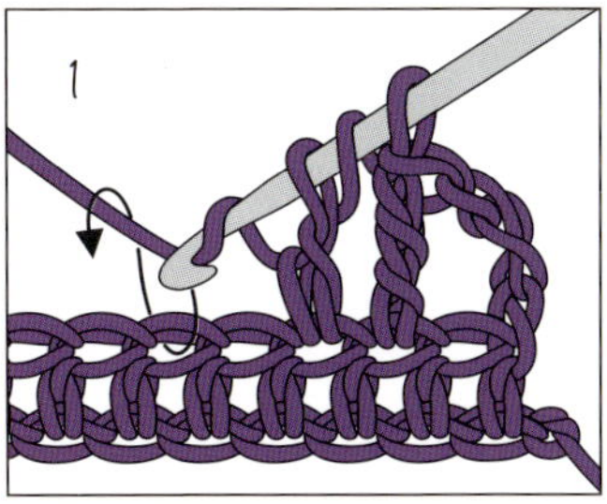

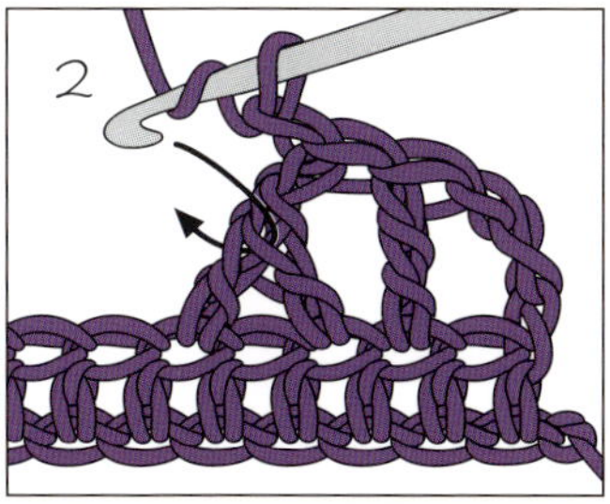

Mit einem nicht vollständig abgemaschten Doppelstäbchen beginnen: Dafür 2 Umschläge bilden, in die folgende Masche der Vorreihe/-runde einstechen, den Faden holen und durchziehen. Nochmals den Faden holen, aber nur durch 2 der 4 Schlingen ziehen.

Wieder 1 Umschlag bilden und in die übernächste Masche einstechen, Faden holen und durchziehen. Nun alle auf der Nadel befindlichen Schlingen je 2 und 2 abmaschen. Dann 1 Luftmasche und 1 Stäbchen in den Kreuzungspunkt des Doppelstäbchens arbeiten.

In Spiralrunden häkeln

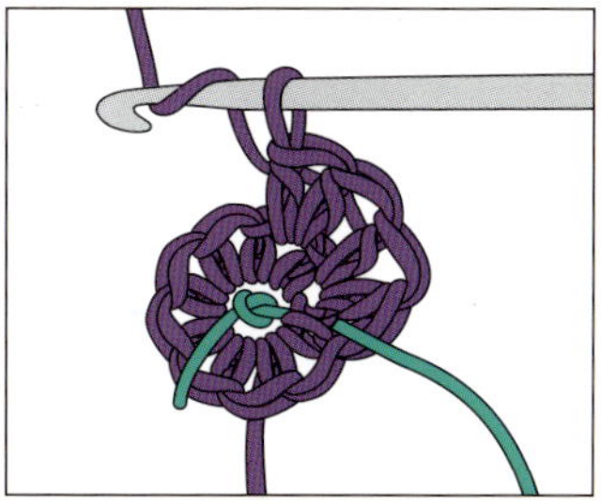

In einen Luftmaschenring oder wie hier in einen Fadenring die gewünschte Anzahl an Maschen arbeiten. Die Runden nicht mit einer Kettmasche schließen, sondern immer direkt in die 1. Masche der Vorrunde einstechen. Den Rundenanfang mit einem kontrastfarbigen Faden markieren.

Pompon

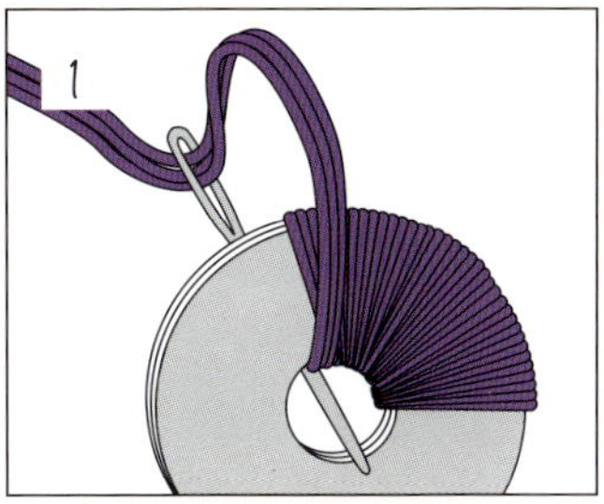

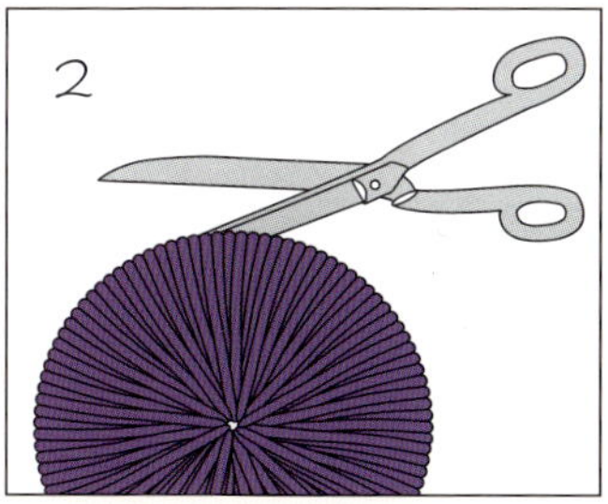

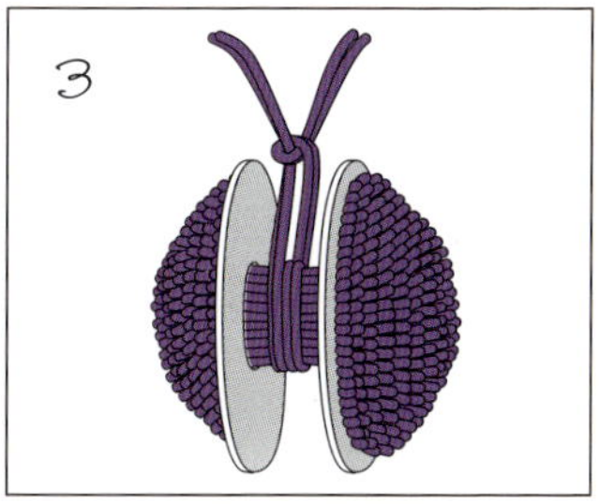

Aus fester Pappe zwei Kreise mit einem mittigen Loch jeweils mit dem in der Anleitung angegebenen Durchmesser anfertigen. Diese beiden Pappkreise aufeinanderlegen. Garn mit einer Wollnadel durch die Mitte führen und so den Ring locker und dicht umwickeln.

Mit einer Schere die Umwicklung vorsichtig am Rand zwischen den beiden Pappringen aufschneiden und die Ringe etwa 1 cm weit auseinanderziehen.

Mit einem doppelten Faden zwischen den Pappringen den Pompon fest abbinden und die Fäden gut verknoten. Mit diesen Fäden kann der Pompon später angenäht werden.

Impressum

Entwurf und Realisation: Annette Diepolder (S.18/19, 22–29, 42–47), Birgit Rath-Israel (S.36/37, 48/49), Elke Reith (S.10–17, 32–35), Sabine Schidelko (S.6–9, 20/21, 30/31, 38–41, 50–55)
Redaktion: Astrid Spüler, Franziska Schlesinger
Fotos: Florian Bilger
Styling: Peggy Kummerow
Lektorat: Regina Sidabras
Technische Zeichnungen: Carsten Bachmann
Aquarellzeichnungen: Elke Reith
Gesamtgestaltung und Satz: GrafikwerkFreiburg
Reproduktion: Meyle + Müller GmbH & Co. KG, Pforzheim
Druck und Verarbeitung: Ömür Printing, Istanbul

ISBN 978-3-8410-6302-1
Art.-Nr. OZ6302

Hersteller

- Junghans
  www.junghanswolle.de
- Kaufmanns Warenwelt
  www.garnwelt.de
- Lana Grossa
  www.lanagrossa.de
- Lang Yarns
  www.langyarns.com
- ONline
  www.online-garne.de

Kreativ-Service

Sie haben Fragen zu den Büchern und Materialien? Frau Erika Noll ist für Sie da und berät Sie rund um alle Kreativthemen. Rufen Sie an! Wir interessieren uns auch für Ihre eigenen Ideen und Anregungen. Sie erreichen Frau Noll per E-Mail: **mail@kreativ-service.info** oder Tel.: **+49 (0) 5052/91 18 58** Montag–Donnerstag: 9–17 Uhr / Freitag: 9–13 Uhr

Besuchen Sie uns im Internet: **www.christophorus-verlag.de**